M HAUS
DERN ANGEGRIFFEN
LAND
W
DDR' EIN

CENTRUM

Berlin in den 70er-Jahren

Michael Sobotta

Berlin

in den 70er-Jahren

Faszinierende Ansichten der geteilten Stadt

SUTTON

Einband vorn: Der Breitscheidplatz mit der Kaiser-Wilhelm-Gedächtniskirche und dem Europa-Center.

Vorsatz: Die Ruine vom „Haus Vaterland" am Potsdamer Platz. Das um 1911 nach Plänen von Franz Schwechten, dem Architekten der Kaiser-Wilhelm-Gedächtniskirche und auch des Anhalter Bahnhofes, errichtete Gebäude war von 1928 bis 1943 mit seinen vielen Themenrestaurants ein Vorläufer der heutigen Erlebnisgastronomie. Zwischen dem Anhalter Bahnhof, direkt hinter dem Hochhaus, und dem vor der Front der Ruine befindlichen Potsdamer Bahnhof zog es wegen seiner verkehrsgünstigen Lage rund eine Million Besucher im Jahr an. Auf dem einsamen Steinsockel vor der Ruine war ursprünglich von der DDR-Regierung ein Denkmal für Karl Liebknecht geplant. Wegen der Lage im Grenzgebiet kam es aber nie dazu.

Seite IV/1: Im „Haus Vaterland" am Potsdamer Platz befanden sich u. a. ein bayerisches Bierrestaurant, das „Löwenbräu", eine Wild-West-Bar, die „Arizona-Bar", ein Wiener Café und Weinstube, das „Grinzing", ein Türkisches Café, eine Spanische Bodega, eine Japanische Teestube, eine Osteria, die „Teltower Rübchen-Stube" sowie der Palmensaal für musikalische und künstlerische Veranstaltungen. Unter dem Motto „Im Haus Vaterland ißt man gründlich, hier gewitterts stündlich" wurde in den „Rheinterrassen" in einer nachgebauten Kulisse der Rheintallandschaft bei St. Goar ein richtiges Gewitter mit Blitz, Donner und Wolkenbrüchen simuliert.

Seite 2/3: Da das „Haus Vaterland" bereits als moderner Stahlskelettbau errichtet wurde, blieb es als eines der wenigen Gebäude am Potsdamer Platz zumindest in Teilen erhalten. Nach dem Krieg lag es im sowjetisch besetzten Sektor Berlins, wurde bis zum Juni 1953 notdürftig wieder hergerichtet und unter dem Namen „Haus Vaterland" als HO-Gaststätte weiter betrieben.

Seite 4/5: Blick über die mitten auf der alten Potsdamer Straße errichtete Staatsbibliothek hin zum Potsdamer Platz, im Hintergrund die Kongresshalle und die Philharmonie.

Nachsatz: Nächtliches Feuerwerk über Berlin zu Silvester 1977/78.

Einband hinten: Die Bilder zeigen (von oben) den Bahnhof Zoo, die Friedrichsgracht, den „Berliner Sportpalast", ein Silvester-Feuerwerk über Berlin.

Inhalt

Einleitung

Ganz im Gegensatz zu meinen bisher in den letzten Jahren beim Sutton Verlag erschienenen acht Berlin-Büchern mit über 1.500 Farbdias, fotografiert von unzähligen Fotoamateuren und über 50 Jahre gesammelt, befinden sich in meinem neuen Buch über die 70er-Jahre in Berlin ausschließlich Farbdias, die ich selber bei unzähligen Spaziergängen durch beide Teile der durch die Mauer getrennten Stadt fotografiert habe. Zur Anwendung kam dabei natürlich analoge Technik, denn dass man auch gute Fotos machen kann, indem man das Wort „Klick" in sein Smartphone spricht, daran war damals noch nicht mal in den kühnsten Träumen zu denken. Zwei Spiegelreflexkameras, eine Praktika aus Dresden und eine Minolta aus Japan, leisteten dabei gute Dienste. Anschließend musste man aber noch ungefähr zwei Wochen warten, bis der entwickelte Diafilm bzw. die gerahmten Dias aus der Entwicklungsanstalt kamen, meistens war es die Firma Kodak in Stuttgart, denn nur dort konnte der seinerzeit beste Diafilm „Kodachrome 25" überhaupt entwickelt werden. Erst dann konnte man sehen, ob sich das Unternehmen gelohnt hatte. Heutzutage unvorstellbar!

Ein entscheidender Vorteil der heutigen Technik ist aber, dass man die 50 Jahre alten Diapositive nach dem HDR-Verfahren digitalisieren kann. HDR steht dabei für „High Dynamic Range" und ist ein Verfahren, mit dem die Farben und Kontraste stärker zum Ausdruck gebracht werden können, denn oft sind Bilder an einigen Stellen zu dunkel oder zu hell. Details lassen sich dann oft kaum noch erkennen. Beim HDR-Verfahren wird das Dia mehrfach in den verschiedensten Helligkeitsstufen gescannt und anschließend fügt ein spezielles Programm die einzelnen Scans zu einem optimalen Ergebnis zusammen. Dieses Verfahren kommt heutzutage auch bei fast allen Fernsehern der neuesten Generation zur Anwendung. Auch ist es am Computer möglich, nebeneinander aufgenommene Einzelbilder zu einem Panorama zusammenzufügen.

Bei diesem Buch liegt der Fokus nicht auf der wiederholten Darstellung der touristischen Anziehungspunkte, sondern es zeigt das noch in den 1970er-Jahren vorhandene Alte und das zum Teil bereits entstehende Neue. Es zeigt ein Berlin, das es so nicht mehr gibt.

Ein vergleichender Bummel durch das heutige Berlin – mit dem Buch in der Hand – ist durchaus zu empfehlen.

◄ Obwohl das weit nach West-Berlin hineinreichende Gelände des ehemaligen Potsdamer Bahnhofs mit dem „Haus Vaterland" noch zum Ost-Sektor Berlins gehörte, wurde die Berliner Mauer 1961 um das Gebäude herum errichtet, um so den zu bewachenden Mauerbereich zu verkürzen.

Am 21. Juli 1972 kam durch einen Gebietstausch die Ruine vom „Haus Vaterland“ zusammen mit dem Gelände des 1952 stillgelegten Potsdamer Bahnhofs zu West-Berlin. Nach der Trümmerbeseitigung wurde sofort mit dem Bau einer Behelfsstraße begonnen, denn die wichtige Nord–Süd-Verbindung war ja am Potsdamer Platz noch durch die Mauer unterbrochen. Die wenigen verbliebenen Gebäude sind (von links) der „Bayernhof“ an der Potsdamer Straße 10–11, die Reste vom „Grand Hotel a Esplanade“ an der Bellevuestraße, das „Weinhaus Huth“ an der Potsdamer Straße und die Ruine vom „Haus Vaterland“ an der Köthener Straße. In dem bereits auf West-Berliner Gebiet liegenden Gebäude mit den Resten der Stahlträger auf dem Dach befindet sich seit 1972 das Hansa-Tonstudio mit seinem wegen der ausgezeichneten Akustik gerühmten Meistersaal. Durch den Anblick der Berliner Mauer inspiriert, machte David Bowie mit seinem Song „Heroes“ das Studio in der internationalen Musikwelt berühmt.

Kapitel 1

Am Potsdamer Platz

Der „Bayernhof" an der Potsdamer Straße kurz vor seinem Abriss. ▲

Die 1975 als Gegenstück zur Staatsbibliothek Unter den Linden fertiggestellte Staatsbibliothek in West-Berlin machte aus der Potsdamer Straße eine Sackgasse. ▼

Vom Balkon des „Bayernhofs“ geht der Blick hin zum Potsdamer Platz mit dem einzigen noch heute vorhandenen Haus, dem „Weinhaus Huth“. ▲

In Richtung Westen sieht man die noch im Bau befindliche Staatsbibliothek. ▼

Blick in den Innenhof des „Bayernhofs". Dort befand sich das Restaurant „Alt-Bayern" mit seinen prachtvollen Mosaiken und dem beliebten Biergarten mit dem St.-Georg-Brunnen. Die Mosaiken wurden vor dem Abriss entfernt und zieren heute den U-Bahnhof Richard-Wagner-Platz. Der Brunnen wurde ebenfalls abgebaut und schmückt heute den Hindemithplatz an der Wilmersdorfer Straße im Berliner Ortsteil Charlottenburg. Im Hintergrund des Bildes ist die Berliner Philharmonie an der heutigen Potsdamer Straße.

Nach dem Gebietsaustausch wurde quer über die alte Potsdamer Straße eine neue Behelfsstraße angelegt. Das nach Kriegsschäden aufwendig wiederhergestellte Vox-Haus wurde am 22. März 1971 gesprengt, weil es angeblich dem Verkehr im Weg stand. Eigentlich hätte man es noch bis zum Jubiläum 1973 stehen lassen können. Am 29. Oktober 1923 hatte nämlich die Geschichte des Rundfunks in Deutschland in einer Dachkammer des Vox-Hauses ihren Anfang genommen: Die Funk-Stunde Berlin startete ihren regelmäßigen Sendebetrieb auf Welle 400 Meter (= 749,5 kHz).

SAROTTI

Am Vox-Haus sind die Abrissarbeiten bereits weit fortgeschritten. Rechts daneben die Reste vom „Grand Hotel Esplanade" an der Bellevuestraße. Das Hotel verfügte über mehrere prachtvolle Säle, darunter den Kaisersaal, in dem Kaiser Wilhelm II. seine exklusiven Herrenabende veranstaltet hatte. Obwohl das Hotel im Krieg zum Teil schwer beschädigt wurde, blieben der Kaisersaal, der Frühstückssaal, das Treppenhaus und die Waschräume erhalten, es wurde sogar noch bis zum Mauerbau 1961 für Tanzveranstaltungen und Modeschauen genutzt. Für den Bau des Sony-Centers am Potsdamer Platz sollte das 1989 unter Denkmalschutz gestellte Gebäude eigentlich abgerissen werden. Als Kompromiss einigte man sich schließlich darauf, wenigstens den Kaisersaal, hier erkennbar an dem kleinen Fenster an der frisch verputzten Seite des Gebäudes, und den Frühstückssaal in den Bau des Sony-Centers zu integrieren. Für umgerechnet 53 Millionen Euro wurde 1996 der Kaisersaal um 75 Meter hydraulisch verschoben. Der ebenfalls erhaltene Frühstückssaal des Hotels wurde in 500 Einzelteile zerlegt und später wieder zusammengebaut.

Bis zum Mauerbau am 13. August 1961 befanden sich neben den Ladengeschäften auch noch zwei Kinos (Camera, Aladin) im Vox-Haus, wo sich die Ost-Berliner die neuesten West-Filme zum Wechselkurs 1:1 anschauen konnten. Vom Potsdamer Platz, vor dem Krieg einmal einer der verkehrsreichsten Plätze Europas, blieben nur eine Handvoll Imbissbuden und Souvenirgeschäfte für Touristen, wo sich die Berlin-Besucher mit Andenken versorgen konnten, und die alte Leuchtschriftanlage, die noch bis 1974 ihre Nachrichten in den Ost-Sektor schickte.

Die Skulpturen an der Fassade des Vox-Hauses hatten erstaunlicherweise den Krieg gut überstanden.

CENTRUM
KINO

Bis zu einem Gebietsaustausch zwischen Ost- und West-Berlin im Jahre 1974 lag die Ruine vom „Haus Vaterland“ noch auf Ost-Berliner Gebiet. Danach bot sich nur dem Wagemutigen eine letzte Gelegenheit zur Besichtigung des historischen Gebäudes.

Der Todesstreifen zwischen Potsdamer Platz und Brandenburger Tor. ▲

Vom einstigen Palmensaal auf dem Dach des Hauses war nur die Stahlkonstruktion unter der Tanzfläche übriggeblieben. ▼

Der achteckige Leipziger Platz ist kaum noch zu erkennen. ▲

Das Vox-Haus rechts vom „Weinhaus Huth" mit seiner grauen Sandsteinfassade ist bereits völlig abgetragen. ▼

Dass hier einst die Hauptküche vom „Haus Vaterland" war, lässt sich nur noch erahnen. ▲

Der Blick geht hier in die Köthener Straße. ▼

Die Reste des großen Konzertsaals.

Unweit des Potsdamer Platzes befindet sich einer der meistfotografierten Verkehrsknotenpunkte Berlins. Hier kreuzen sich insgesamt fünf Verkehrswege. Ganz oben kommt gerade ein Zug aus der Hausdurchfahrt an der Trebbiner Straße auf der 1902 in Betrieb genommenen Hochbahnstecke der Linie 1. Darunter queren die 1841 erbauten Brücken für die nicht mehr genutzten Fernbahngleise vom längst abgerissenen Anhalter Bahnhof. Darunter fließt der Autoverkehr auf der Straße am Tempelhofer Ufer und die Schiffe fahren auf dem von Peter J. Lenné 1845 bis 1850 erbauten Landwehrkanal. Unter diesem verläuft der Nord–Süd-Tunnel der S-Bahn-Linie 1. Er erlangte traurige Berühmtheit, als er kurz vor der Kapitulation der damaligen Reichshauptstadt am 2. Mai 1945 (wahrscheinlich von der SS) gesprengt wurde. Das aus dem Landwehrkanal einströmende Wasser flutete den Tunnel bis zum S-Bahnhof Potsdamer Platz und tötete eine unbekannte Anzahl von im Tunnel schutzsuchenden Berlinern.

Die Betriebsanlagen sowie der Güterbahnhof des eigentlichen Anhalter Bahnhofs lagen am anderen Ufer des Landwehrkanals und befanden sich jahrzehntelang in einem Dornröschenschlaf.

Die zum Teil stark zerstörten Anlagen wurden inzwischen aufwendig restauriert und sind heute fester Bestandteil des 1983 eröffneten Deutschen Technikmuseums.

Auf dem geschichtsträchtigen Gelände vor der Ruine des Kunstgewerbemuseums befand sich bis 1945 in der ehemaligen Kunstgewerbeschule das Hauptquartier der Geheimen Staatspolizei (Gestapo). Daneben lag das Prinz-Albrecht-Palais in der Wilhelmstraße 102. Es war ab 1934 die Zentrale des Sicherheitsdienstes (SD) der SS und ab 1939 auch des Reichssicherheitshauptamtes (RSHA). Ab 1934 diente das ehemalige Hotel „Prinz Albrecht" in der Prinz-Albrecht-Straße 9 als Sitz des Reichsführers SS Heinrich Himmler.

Da die Prinz-Albrecht-Straße während der Nazizeit berüchtigt war, wurde sie 1951 – bereits zum Ost-Berliner Bezirk Mitte gehörig – zum Gedenken an die 1944 von den Nazis ermordete kommunistische Widerstandkämpferin Käthe Niederkirchner umbenannt.

Nach Beseitigung der Trümmer in den 1950er-Jahren wurde das Gelände jahrelang nur als Auto-Fahrübungsgelände und als Schutthalde genutzt.

Seit der 750-Jahr-Feier Berlins im Jahr 1987 entstand dort die Ausstellung „Topographie des Terrors". Freigelegte Gefängniszellen der Gestapo sowie Kellermauerreste an der Niederkirchnerstraße sind die einzigen Zeugen der Vergangenheit.

Die bereits wiederhergestellte Fassade des Martin-Gropius-Baus erstrahlt in der Morgensonne.

An der Niederkirchner-/Ecke Wilhelmstraße steht hier das Gebäude des ehemaligen Reichsluftfahrtministeriums. In der DDR diente es als Haus der Ministerien, in den 1990er-Jahren war es Sitz der Zentrale der Treuhandanstalt und seit 1999 ist es Sitz des Bundesministeriums der Finanzen. Auf diesem Foto sieht man noch die „erste Generation" der Berliner Mauer, so wie sie 1961 errichtet wurde.

Der südliche Teil der Spreeinsel im historischen Zentrum der einstigen Doppelstadt Berlin-Kölln ist die Fischerinsel. Da ein großer Teil der Gebäude den Krieg überstanden hatte, plante der Ost-Berliner Magistrat den Wiederaufbau des Viertels mit allen noch zu restaurierenden Baudenkmalen unter Berücksichtigung des alten Stadtgrundrisses bis zum Jahr 1965. Die Häuser an der Friedrichsgracht wollte man sanieren und sie, ähnlich dem Schnoorviertel in Bremen, für Künstler und Kunsthandwerker zur Verfügung stellen. Nach der Planung zum Aufbau des Zentrums der Hauptstadt der DDR erfolgte dann aber eine Kahlschlagsanierung und die Errichtung von 21-geschossigen Plattenbauten.

Kapitel 3

An der Friedrichsgracht

Die Häuser der Friedrichsgracht warten im Schatten der bereits fertiggestellten Hochhäuser auf ihren Abriss. An der Häuserecke sind die historischen Straßenschilder noch vorhanden.

Dieses einzigartige Häuserensemble als Zeugnis aus dem alten Berlin hätte man ohne allzu großen Aufwand restaurieren können. Sogar die Schrift an den Fassaden war noch erhalten.

Blick auf die Häuser an der Friedrichgracht von der anderen Seite. Links ist ein Teil der Brücke zu sehen, die sich auf Seite 40 links auf dem Bild befindet. Am Fenster noch einer der letzten verbliebenen Bewohner.

An der Stelle dieses einzigartigen Ensembles von S. 44/45 sehen wir nun rechts einen Flachbau, in dem sich heute eine Sozialeinrichtung befindet.

Hinter den Hochhäusern auf der Fischerinsel erkennt man die ersten Hochhäuser an der Leipziger Straße.

Am 17. November 1910 als „Hohenzollern-Sport-Palast" an der Potsdamer Straße in Berlin-Schöneberg eröffnet, erlangte der Berliner „Sportpalast" wegen seiner jährlichen Sechstagerennen Berühmtheit. Nach der Goebbels-Rede vom „Totalen Krieg" am 18. Februar 1943 war er berühmt-berüchtigt. Als sich der Betrieb der Halle wirtschaftlich nicht mehr lohnte und auch noch der Geschäftsführer bei einem Unfall unerwartet starb, wurde der „Sportpalast" 1973 verkauft und für ein Wohnungsbauprojekt am 13. November 1973 abgerissen.

Kapitel 4

Berliner Sportpalast

SPORTPALAST
DER NARR VON PARIS
MAROTTEN
SPORTPALAST
SCHÄNKE

Ende 1973 ist der Abriss des „Sportpalasts" bereits weit fortgeschritten. Im Hintergrund das ehemalige Fernamt der Reichspost in der Winterfeldtstraße.

Potsdamer Str

Auf dem Gelände des „Sportpalastes" wurde anschließend im Sozialen Wohnungsbau die Wohnanlage „Pallasseum" errichtet, so genannt wegen ihrer Lage an der Ecke Potsdamer Straße/Pallasstraße. Im Volksmund wird sie aber nur „Sozialpalast" genannt.

An der Pallasstraße, neben dem grün-weißen Gebäude, steht noch heute der erst kurz vor Kriegsende von Zwangsarbeitern errichtete, aber nicht mehr in Betrieb genommene „Sportpalast-Bunker". Er sollte als Fernmeldebunker für das Fernamt der Reichspost in der nahegelegenen Winterfeldtstraße ausgebaut werden. Nach 1945 wurden die Versuche für den Abriss des Bunkers wegen möglicher Schäden in der engen Bebauung abgebrochen. Der seit 2011 unter Denkmalschutz stehende Bunker wird seitdem vom Verein Berliner Unterwelten als Veranstaltungsort genutzt.

Die Spandauer Vorstadt mit dem Scheunenviertel östlich der Rosenthaler Straße ist einer von 13 Ortsteilen innerhalb der historischen Mitte Berlins und seit der Bildung von Groß-Berlin im Jahr 1920 Teil des neugebildeten Bezirks Mitte. Das Scheunenviertel hatte seinen Ursprung in einer Anordnung des Großen Kurfürsten Friedrich Wilhelm aus dem Jahre 1672, aus Brandschutzgründen 27 Scheunen außerhalb der damaligen Stadtmauer zu errichten. Im Jahre 1737 befahl König Friedrich Wilhelm I. allen Berliner Juden, die über kein eigenes Haus verfügten, ins Scheunenviertel zu ziehen. Durch den Zuzug vieler osteuropäischen Einwanderer entstand so ein Viertel mit starken jüdischen Kultureinflüssen, eigener Synagoge und jüdischem Friedhof. Heute ist das inzwischen sanierte Viertel um die Rosenthaler Straße ein Hauptanziehungspunkt für die Berlin-Besucher.

Kapitel 5

Durch die Spandauer Vorstadt

Dieser trübe Wintertag im Jahr 1972 vermittelt einen guten Eindruck von Ost-Berlin, abseits von Alexanderplatz und der Straße Unter den Linden. Der Blick geht hier in die Linienstraße in Richtung Oranienburger Straße. ▲

Die Auguststraße mit der Ruine der Friedrichstraßenpassage, nach dem Mauerfall 1989 „Kunsthaus Tacheles". ▼

Die Tucholskystraße mit Blick auf die Kuppelspitze der Großen Synagoge (hinter den Hausdächern) in der Oranienburger Straße. ▲

Rechts an der Ecke ist die im Jahre 1732 als „Rothe Apotheke" gegründete und unter Denkmalschutz stehende Apotheke an der Rosenthaler Straße in Sichtweite der Hackeschen Höfe. ▼

Die Sophienstraße verläuft zwischen Großer Hamburger Straße und Rosenthaler Straße. Rechts hinter dem Gitterzaun der Kirchhof der um 1712 nach Plänen des Baumeisters Philipp Gerlach erbauten Sophienkirche. Sie hat wundersamerweise den Krieg unbeschadet überstanden und zählt mit ihrem 69 Meter hohen Turm wohl zu den schönsten Kirchen Berlins.

Die Kinder der Sophienstraße wollten unbedingt auch mal fotografiert werden.

Der Admiralspalast direkt am Bahnhof Friedrichstraße. ▲

Von 1951 bis 1973 gab es in Ost-Berlin noch ein umfangreiches Oberleitungsbus-System. Hier überquert gerade ein O-Bus mit Anhänger der Linie 40 die Friedrichstraße an der Kreuzung zur Wilhelm-Pieck-Straße, der heutigen Torstraße. ▼

Die Spree an der Weidendammer Brücke. Links vor dem Bahnhof Friedrichstraße ist der „Tränenpalast" zu sehen, so genannt, weil hier die DDR-Bürger oft unter Tränen ihre Besucher „aus dem Westen" verabschieden mussten, denn sie besaßen ja keine Reisefreiheit. ▲

An der Friedrichstraße. Links zweigt die Linienstraße ab, rechts die Oranienburger Straße. ▼

Der Bahnhof Friedrichstraße, die wohl wichtigste Grenzübergangsstelle und gleichzeitig ein zentraler Verkehrsknotenpunkt in der geteilten Stadt. Oben auf dem Bahnhof trafen sowohl die S-Bahnzüge aus West-Berlin und Ost-Berlin sowie die Züge des Fernverkehrs zusammen. Alles aber streng voneinander getrennt und durch schwerbewaffnete Grenztruppen der DDR bewacht. Im Untergrund kreuzten außerdem die U-Bahn-Züge der Linie U6 von Alt-Mariendorf nach Alt-Tegel und die S-Bahn-Züge der Linie S1 von Wannsee nach Frohnau. Bis auf den Bahnhof Friedrichstraße unterquerten beide Züge auf ihrem Weg von West-Berlin nach West-Berlin den Ost-Sektor ohne anzuhalten.

NEUES DEUTSCHLAND meldet
BAHNHOF FRIEDRICHSTRASS

Am Bahnhof Friedrichstraße errichtete 1976 eine schwedische Baufirma im Auftrag der DDR auf dem Gelände des im Krieg zerstörten weltberühmten Varietes „Wintergarten" das Hotel „Metropol".

Genau gegenüber baute im gleichen Jahr eine japanische Firma einen 25-stöckigen Büroturm, das „Internationale Handelszentrum".

Blick vom „Steglitzer Kreisel", mit einer Höhe von 120 Metern eines der höchsten Hochhäuser Berlins, errichtet genau über der Keimzelle der bereits um 1242 urkundlich erwähnten Landgemeinde Steglitz. Aufgrund seiner günstigen Lage in der Nähe Berlins und direkt an der bereits 1838 errichteten zweiten Eisenbahnlinie in Deutschland zwischen Berlin und Potsdam entwickelte sich das Dorf Steglitz sehr schnell. Es war bei der Bildung von Groß-Berlin, bestehend aus acht Stadtgemeinden, 59 Landgemeinden und 27 Gutsbezirken im Jahre 1920, mit über 80.000 Einwohnern eine der größten Landgemeinden Preußens.

Das Zentrum des Bezirks Steglitz ist die Schloßstraße. Als Teil der 1.392 Kilometer langen, quer durch Deutschland von Westpreußen an der polnischen Grenze bis nach Aachen an der niederländischen Grenze führenden Reichsstraße 1, heute Bundesstraße 1, ist sie heute eine der beliebtesten Einkaufsstraßen Berlins.

Parallel zur Schloßstraße verläuft die Autobahn A103 als Teil der geplanten, aber nie vollständig fertiggestellten Westtangente. Für ihren Bau parallel zur historischen Eisenbahnstrecke von Berlin nach Potsdam wurden ganze Häuserreihen abgerissen.

Kapitel 6

Berlin-Steglitz

KARSTADT
Zenker
SPORT
Zenker
MODE

◄ Durch die Baumaßnahmen zur Verlängerung der U-Bahnlinie U9 bis zum „Steglitzer Kreisel" direkt am Rathaus Steglitz – bei laufendem Verkehr – war die Schloßstraße jahrelang eine einzige Baustelle.

Nach der Zerstörung des berühmten Kaufhauses Wertheim am Leipziger Platz war das um 1950 an der Steglitzer Schloßstraße errichtete neue „Wertheim" der erste Kaufhausneubau nach dem Krieg. Direkt dahinter der im Bau befindliche „Bierpinsel" und die Brücke der Stadtautobahn über der Schloßstraße. ▲

Der Bau des am 13. Oktober 1976 eröffneten, 47 Meter hohen Turmrestaurants in Steglitz ist ein besonders gutes Beispiel für die Bausünden der 70er-Jahre. Das nach Plänen der Architekten Ralf Schüler und Ursulina Schüler-Witte, die auch das ICC Berlin am Berliner Funkturm entwarfen, errichtete Bauwerk erhielt wegen seines rasierpinselähnlichen Aussehens und seiner geplanten gastronomischen Verwendung sehr schnell den volkstümlichen Namen „Bierpinsel". Im untersten Stockwerk befand sich ein Bier- und Weingewölbe, im zweiten Geschoss ein Steakhaus mit einer der ersten Salatbars in Deutschland, im dritten Stock ein großes Turm-Café auf zwei Ebenen. Seit einem durch Frost verursachten Rohrbruch mit Wasserschaden im Winter 2010/2011 verhindert bis heute ein Streit zwischen Versicherung und Besitzern wegen Übernahme der Sanierungskosten die weitere Nutzung des Gebäudes. ▲

Der rote „Bierpinsel" zählte jahrelang zu den Landmarken des Bezirks. Den markanten Anstrich trägt er momentan nicht. ▶

ertusstraße
APOTHEKE
Hubertusstraße
PHOTO PORST
C&A
C&A
kt aller

Im Steglitzer Ortsteil Lichterfelde mit der vom Hamburger Unternehmer Johann Anton Wilhelm von Carstenn gegründeten ältesten Villenkolonie Berlins wähnt man sich wegen der vielen Häuser in Tudorklassik und Toskana-Schick eher in einer süddeutschen Kleinstadt als in einer Großstadt. An der Ecke zur Curtiusstraße steht links das reich verzierte und farbenfroh bemalte „Haus Emisch".

MÖGENSBERATUNG
POTHEKE

Das vom Architekten Wilhelm Sander 1895 geplante Haus ist seit dem Jahr 1900 im Besitz der Familie Emisch.

Die Villenkolonie Lichterfelde entwickelte sich wegen ihrer günstigen Lage direkt an der ersten Eisenbahnstrecke in Preußen von Berlin nach Potsdam sehr rasant. Selbst das Bahnhofsgebäude wurde im Stil einer toskanischen Villa errichtet. Es war ebenfalls durch Johann Anton Wilhelm von Carstenn veranlasst und auch finanziert worden.

Mitten im Zentrum Berlins überquert die Friedrichstraße auf der Weidendammer Brücke die Spree. Ihren Namen erhielt die Brücke nach dem nahe gelegenen, mit Weiden bepflanzten Damm am Ufer des Flusses. Die mit Geländern aus schmiedeeisernen Ziergittern und mit kaiserlichen Reichsadlern in der Mitte geschmückte Brücke blieb im Zweiten Weltkrieg wie durch ein Wunder von Sprengungen verschont. Von hier hat man einen herrlichen Blick auf die Museumsinsel mit dem Bode-Museum und zum Fernsehturm am Alexanderplatz.

Kapitel 7

Berlins alte Mitte

Gleich neben der Weidendammer Brücke befindet sich seit 1954 im Theater am Schiffbauerdamm die Spielstätte des Berliner Ensembles, berühmt durch Aufführungen der Werke seines Gründers Bertolt Brecht. Am Schiffbauerdamm errichteten um 1680 holländische Fachleute einen Schiffsbauhof, wo sogar Kriegsschiffe vom Stapel liefen. An der rechteckigen Öffnung in der Ufermauer mündet der drittlängste Fluss auf dem Berliner Stadtgebiet, die Panke, in die Spree. Sie entspringt nördlich von Berlin in der Nähe der Stadt Bernau und erreicht nach 29 Kilometern am Schiffbauerdamm ihr Ziel. ▲

Gleich neben dem Berliner Ensemble steht der alte Friedrichstadt-Palast. Am 18. April 1868 als erste Markthalle Berlins eröffnet, wurde diese bereits nach sieben Monaten wegen Unwirtschaftlichkeit wieder geschlossen. Nach langen Jahren als Zirkusgebäude, wurde hier das Große Schauspielhaus am 29. November 1919 mit einem Theaterstück unter der Regie von Max Reinhardt feierlich eröffnet. Bis zu seiner plötzlichen Schließung am 29. Februar 1980 wegen akuter Einsturzgefahr der Fundamentpfeiler, entstanden in dem Gebäude auch Fernsehproduktionen wie zum Beispiel „Ein Kessel Buntes". Am 27. April 1984 eröffnete nur wenige hundert Meter entfernt an der Friedrichstraße der Neubau des Friedrichstadt-Palastes. ▶

FRIEDRICHSTADT-PALAST
Wir gastieren im
METROPOL-THEATER
mit der Revue
HIMMELS MACHT LIEBE

Blick aus der Kugel des 368 Meter hohen Fernsehturms auf den im Sinne einer sozialistischen Stadtplanung umgestalteten Alexanderplatz. Auf dem Gelände rechts befindet sich heute eine große Shopping-Mall, damals war hier noch ein Parkplatz für die vielen Besucher aus der gesamten DDR, die zum Einkaufen ins Centrum Warenhaus kamen.

Am 7. Oktober 1970, dem 21. Jahrestag der Gründung der DDR, eröffnete das Hotel „Stadt Berlin“ als Interhotel mit 1.982 Betten in 1.006 Zimmern. Das kurz darauf am 25. November 1970 unmittelbar neben dem Bahnhof Alexanderplatz eröffnete Centrum Warenhaus war mit einer Verkaufsfläche von 15.000 Quadratmetern das größte Warenhaus der DDR.

Blick zur 1969 auf dem Alexanderplatz aufgestellten Weltzeituhr, die 146 Orte und die Datumsgrenzen anzeigt. Entworfen von dem Designer Erich John, ist sie bis heute ein beliebter Treffpunkt sowohl für die Berliner selbst als auch für Touristen. Die zehn Meter hohe Weltzeituhr steht seit 2015 sogar unter Denkmalschutz.

Gleichzeitig mit der Eröffnung des Hotels „Stadt Berlin" am 7. Oktober 1970 wurde der „Brunnen der Völkerfreundschaft" auf dem Alexanderplatz feierlich eingeweiht. Wegen seiner recht farbenfrohen Emaillierungen und der in der Umgebung stattfindenden Prostitution wurde er zu DDR-Zeiten abwertend „Nuttenbrosche" genannt.

25 JAHRE SED
HRE ERFOLGE

Aus den Wohnungen in den oberen Etagen der Hochhäuser auf der Fischerinsel haben die Bewohner einen herrlichen Blick auf das Nikolaiviertel bis hin zum Alexanderplatz. Mittig links steht die Ruine der Nikolaikirche. Noch ist im Nikolaiviertel keine Bautätigkeit zu sehen.

Die am Mühlendamm gelegenen Häuser, wie zum Beispiel das Ephraim-Palais, wurden bereits 1936 für eine geplante Verbreiterung des Mühlendamms abgerissen, die Fassaden zum Teil eingelagert. Erst zur 750-Jahr-Feier Berlins 1987 wurde das Ephraim-Palais im Zuge der Wiederherstellung des Nikolaiviertels in Anlehnung an das historische Vorbild mit den in West-Berlin eingelagerten Fassadenteilen wiederhergestellt.

◂ 1975 ist der Autoverkehr auf der achtspurig ausgebauten Mühlendammbrücke noch recht überschaubar. Seit der Wende 1989 stehen die Autofahrer auf dieser wichtigen Ost–West-Verbindung ständig im Stau.

Panoramabild von der 1968 als Spannbetonbrücke über die Spree errichteten Mühlendammbrücke und dem im Bau befindlichen „Palast der Republik". Der Blick geht bis zum Alexanderplatz. Der Mühlendamm ist die Keimzelle der mittelalterlichen Doppelstadt Berlin-Kölln, denn dort ermöglichte eine schmale und flache Stelle die Überquerung der Spree an einem Fernhandelsweg zwischen den Hochebenen des Teltow und des Barnim. ▴

Rechts neben der Ruine der Nikolaikirche, der ältesten Kirche in der historischen Mitte Berlins, steht in der Poststraße 23 das um 1760 errichtete Knoblauchhaus. Es war bis zu seinem Verkauf an die Stadt Berlin 1929 für 170 Jahre im Besitz der Berliner Kaufmannsfamilie Knoblauch. Den Zweiten Weltkrieg überstand es als eines der wenigen Berliner Bürgerhäuser des 18. Jahrhunderts fast unbeschadet. Seit 1995 zeigt dort die Stiftung Berliner Stadtmuseum in einer Dauerausstellung im ersten und zweiten Obergeschoss neben der bürgerlichen Wohnkultur des Biedermeiers auch die Geschichte der Familie Knoblauch. Im Erdgeschoss befinden sich die Räume des einst beliebten Restaurants „Historische Weinstuben“.

Die Hochbahnstation „Dimitroffstraße“ der U-Bahn-Linie U2 über der Schönhauser Allee. Das Bild der Straße wird geprägt vom „Magistratsschirm“. Seinen Spitznamen erhielt der Viadukt, weil man dem Volksmund zufolge „auch bei Regen unter dem Hochbahnabschnitt auf Magistratskosten flanieren konnte“. Unter dem Viadukt, hier rechts leider nicht mehr zu sehen, steht bereits seit 1930 „Konnopke's Imbiß“, Berlins berühmteste Currywurstbude an der Schönhauser Allee. Seit 1960 gibt es hier die erste Ost-Berliner Currywurst mit Ketchup nach Familienrezept. An der in „Eberswalder Straße“ umbenannten U-Bahn-Station versorgt noch heute „Konnopke's“ die Bewohner, Besucher und besonders das Partyvolk mit Wurst.

ner ein Erlebnis!
hörste
Jawa 50 M23
MUSTANG
epi
san
Weil es um Ihre
Haut geht
Ilja
Glasunow
Malerei · Graphik
epi
san

Wegen der Vielzahl der auch zum Teil noch privat geführten Geschäfte war die Schönhauser Allee die beliebteste Einkaufsstraße der Ost-Berliner.

Auf seinem Weg aus Richtung Alexanderplatz zum Hochbahnhof „Dimitroffstraße" kommt ein U-Bahn-Zug der Baureihe A aus den Jahren 1928/1929 wieder ans Tageslicht.

Noch in den 70er-Jahren fanden sich abseits der Hauptstraßen sowohl in Ost- als auch in West-Berlin Spuren des Zweiten Weltkrieges.

Kapitel 8

Abseits der Hauptstraßen

Schultheiss

Am Winterfeldtplatz in Berlin-Schöneberg, in unmittelbarer Nähe zum „Sportpalast", wurden an einer Seite komplett alle Häuser zerstört. Für einen Maler ein willkommenes Motiv.

Nur ein paar Straßen weiter, in der Kürfürstenstraße, stand dieses nur zum Teil zerstörte Haus. Wegen seiner zentralen Lage war der Bezirk Schöneberg stark von den Zerstörungen des Krieges betroffen.

Häuser, die nur noch zum Teil bewohnbar waren, wie hier in der Perleberger Straße in Berlin-Moabit, konnte man noch häufig finden.

Einzelne Stadtviertel sind erstaunlicherweise relativ unbeschadet durch den Krieg gekommen. Die um die Jahrhundertwende erbauten Häuser rund um den Chamissoplatz in Berlin-Kreuzberg waren aber meist schon ziemlich heruntergekommen. Im Gegensatz zu der noch in den 60er-Jahren praktizierten Flächensanierung durch „Kahlschlagsanierung" begann man hier mit einer „behutsamen Stadterneuerung", indem man ganze Häuserblocks aufwendig sanierte. Heute ist die Gegend um die Bergmannstraße eine begehrte Wohnadresse.

Ein Beispiel für die gelungene Sanierung eines Hauses in der Willibald-Alex-Straße, im Hintergrund der Chamissoplatz.

Alt und neu im Vergleich.

Zwischen 1973 und 1976 wurde auf dem Gelände des 1950 gesprengten Stadtschlosses der „Palast der Republik" errichtet.

Kapitel 9

Der Palast der Republik

Das Gebäude bestand aus zwei Blöcken mit einem dazwischen eingefügten Mittelteil und war 180 Meter lang, 85 Meter breit und 32 Meter hoch. Bei der Höhe hatte man sich am benachbarten Marstall und Staatsratsgebäude orientiert. Der „Palast der Republik" war der erste freitragende Stahlskelettbau in der DDR.

Neben dem Berliner Dom stand er genau in der Sichtachse der Straße Unter den Linden. Der linke Block mit dem „Kleinen Saal" war als Sitz der Volkskammer der DDR vorgesehen. Der größere Block rechts neben dem Foyer-Bereich mit dem „Großen Saal" mit einer Breite von 67 Metern und einer Höhe von 18 Metern war als Veranstaltungsraum für Kulturveranstaltungen vorgesehen und auf die Delegiertenzahl der dort stattfindenden SED-Parteitage abgestimmt.

Die Baukosten für den „Palast der Republik" wurden offiziell mit 485 Millionen Mark angegeben, nach inoffiziellen Schätzungen sollen es zwischen 800 Millionen und einer Milliarde Mark gewesen sein. Um auch Ersatz für den nun bebauten Marx-Engels-Platz zu erhalten, entstand der „Palast der Republik" nur auf der Ostseite des ehemaligen Schlossareals. Die große Freifläche davor war für Aufmärsche und Militärparaden vorgesehen. Die Abgase der vorbeifahrenden Panzer trieben aber ständig auf die Terrasse mit den Ehrengästen, und durch die Erschütterungen der schweren Fahrzeuge bei den Militärparaden war die Glasfassade des Gebäudes gefährdet. Deshalb diente die große Fläche vor dem „Palast der Republik" hauptsächlich als Parkplatz.

Die in den Jahren von 1824 bis 1831 von Karl Friedrich Schinkel im Stil der Neogotik errichtete Friedrichswerdersche Kirche, das von 1964 bis 1967 errichtete Außenministerium der DDR und der „Palast der Republik" mit dem alles überragenden Fernsehturm am Alexanderplatz. Lediglich die Kirche und der Fernsehturm haben die Zeit nach der Wende überstanden.

Von den insgesamt 156,4 Kilometern Grenzanlagen, die die Insel West-Berlin bis 1989 umgaben, riegelten allein 43,1 Kilometer den Ostsektor vom Westsektor ab. Besonders in der Mitte der Stadt, im Bezirk Kreuzberg, ergaben sich wegen der historischen Bezirksgrenzen, die in Berlin bis 1945 keine große Rolle gespielt hatten, die merkwürdigsten Mauerverläufe. Hier an der Waldemarstraße wurde hinter die erste Mauer von 1961 noch eine zweite Mauer aus Betonplatten gesetzt. Unter der Rasenfläche hatte sich vor dem Mauerbau das Engelbecken befunden. Hier verlief der 1852 eröffnete Luisenstädtische Kanal, der einst die Spree mit dem Landwehrkanal verband und 1926 bis auf das Engelbecken zugeschüttet wurde. Um eine Panzersperre aus verbundenen Eisenträgern zu errichten, wurde nach 1961 auch das Engelbecken zugeschüttet.

Kapitel 10

An der Mauer in Kreuzberg

Vor den Häusern der Sebastianstraße steht die Mauer genau an der Bordsteinkante. Der Gehweg, der bereits zum Ostsektor gehörte, konnte aber von den Bewohnern benutzt werden.

Hinter der 3,6 Meter hohen Mauer verläuft der zugeschüttete Luisenstädtische Kanal.

An der von 1894 bis 1896 errichteten Oberbaumbrücke mit ihren dem Mitteltorturm der Stadtmauer von Prenzlau nachempfundenen 34 Meter hohen Türmen befand sich seit dem Mauerbau 1961 ein wichtiger Grenzübergang, und zwar nur für Fußgänger zwischen den Bezirken Kreuzberg und Friedrichshain. Da hier der gesamte Verlauf der Spree zum Ostsektor gehörte, kam es mehrfach zu tragischen Unfällen, wenn bspw. am Westufer spielende Kinder ins Wasser stürzten und die Grenztruppen der DDR jeden Rettungsversuch der Feuerwehr aus West-Berlin verhinderten und ganz bewusst die Kinder ertrinken ließen.

Hier waren die alten Lagerhäuser des Osthafens noch nicht abgerissen. Heute befindet sich dort die Hinterland-Mauer der Grenzanlagen, die „Eastside-Galerie". Die Türme der Oberbaumbrücke indes wurden wegen Baufälligkeit abgebrochen.

Da die bereits im Grenzstreifen liegenden Lagerhäuser, wie hier das 1929 errichtete Eierkühlhaus für verderbliche Waren, in Ost-Berlin gebraucht wurden, wurde dieser Bereich der Spree besonders scharf bewacht.

Damit die Mannschaften der den Osthafen anlaufenden Lastkähne aus der DDR gar nicht erst auf den Gedanken kamen, durch ein kleines Schiffsmanöver das westliche Ufer anzusteuern, wurde mittig ein bis zum Grund der Spree reichendes Sperrgitter errichtet. ▲

Der wie eine Festung ausgebaute Grenzübergang für Fußgänger auf der Oberbaumbrücke. Ihren Namen hatte sie übrigens nach dem „Oberbaum", einer schwimmenden Sperre aus mit Metallspitzen versehenen Baumstämmen, die nachts zum Schutz vor Eindringlingen quer über die Spree gezogen wurde. Der „Unterbaum" befand sich etwa an der Stelle des heutigen Berliner Hauptbahnhofs an der Spree.

Hinter den Grenzanlagen ist der stillgelegte U-Bahnhof „Warschauer Straße" mit seinem Spitzdachturm gut zu erkennen. Hinter den historisierenden Zinnen auf der Oberbaumbrücke fuhren bis 1961 die U-Bahn-Züge der Linie U1, der ältesten U-Bahn-Strecke Berlins. ▶

Der weltberühmte Grenzübergang „Checkpoint Charlie“ an der Friedrichstraße in Kreuzberg wurde nach dem Mauerbau 1961 von den drei West-Alliierten eingerichtet, um den Angehörigen ihres Militärpersonals weiterhin das Überschreiten der Sektorengrenze zu ermöglichen. Später war es auch der Übergang für ausländische Besucher Ost-Berlins. Neben dem „Checkpoint Charlie“ gab es noch den „Checkpoint Bravo“ an der Autobahn in Berlin-Zehlendorf und den „Checkpoint Alpha“ an der Autobahn in Helmstedt.

Schon Ende der 60er-Jahre begann man entlang der Leipziger Straße mit dem Bau von acht 23- bzw 25-geschossigen Hochhäusern. Vermutlich wollte man auch mit den in unmittelbarer Nähe der Mauer stehenden Gebäuden die Sicht auf den westlichen Teil Berlins abschirmen, insbesondere auch auf das direkt an der Mauer errichtete Hochhaus des Axel Springer Verlages und die Nachrichten-Leuchtschrift auf dem gegenüberliegenden GSW-Hochhaus. Um die Endgültigkeit der Trennung der Stadt zu dokumentieren, baute die DDR zusätzlich neben den beiden Gleitbaukernen quer über die durch die Mauer unterbrochene Lindenstraße einen Flachbau für einen Exquisit-Laden. Dort verkaufte man internationale Mode zu hohen DDR-Mark-Preisen.

Lindenstraße

Blick vom 81,5 Meter hohen GSW-Haus, der Hauptverwaltung der GSW Immobilien AG, auf die Hochhäuser an der Leipziger Straße. Der Schatten des Gebäudes fällt auf das zum Hochhaus gehörende Druckhaus des Springer Verlages, mit dem die Tradition des alten Berliner Zeitungsviertels fortgesetzt wurde. Das GSW-Haus selber befindet sich auf dem Grundstück des ehemaligen Ullstein-Komplexes an der Kochstraße.

-Külz-Straße

Erst Mitte der 70er-Jahre begannen die Arbeiten zur Wiederherstellung des im Krieg stark zerstörten Gendarmenmarktes, des „schönsten Platzes Berlins". Seinen Namen trug der Platz nach dem ursprünglich hier angesiedelten Kürassierregiment Gens d'armes. Zwischen den Ruinen des von 1780 bis 1785 nach Plänen von Carl von Gontard errichteten Deutschen und Französischen Doms begann man mit dem Ausbau der Ruine des um 1821 von Karl Friedrich Schinkel auf den Resten des 1817 abgebrannten, vom Architekten des Brandenburger Tors Carl Gotthard Langhans errichteten Schauspielhauses zu einem in Ost-Berlin noch fehlenden Konzerthaus.

Blick aus einem der neuen Wohnhäuser an der Leipziger Straße auf das Baugeschehen am Gendarmenmarkt. Auf dem Gelände mit den vielen Bretterbuden begann 1989 der Bau eines Interhotels. Im November 1990 noch als „Domhotel" eröffnet, ist es heute als „Hilton Berlin" das größtes Fünf-Sterne-Hotel der Stadt.

Vor dem Krieg wegen ihrer vielen Warenhäuser eine der beliebtesten Einkaufsstraßen Berlins, wurde die Leipziger Straße in den 70er-Jahren in eine hochhausgesäumte Verkehrsschneise umgebaut.

Nur auf dem kurzen Abschnitt zwischen dem Potsdamer Platz und der Friedrichstraße ist das ursprüngliche Bild der Leipziger Straße in Resten zu erkennen.

Blick vom Dach des 103 Meter hohen Europa-Centers an der Kaiser-Wilhelm-Gedächtniskirche über die City-West. Links führt der Kurfürstendamm direkt zum Grunewald, in der Mitte die Eisenbahntrasse auf den Stadtbahnbögen und ganz rechts der Bahnhof Zoo über der Hardenbergstraße. Nach Schließung aller Berliner Kopfbahnhöfe im Jahr 1952 verblieb der Bahnhof Zoologischer Garten als einziger Fernbahnhof in West-Berlin. Erst nach 1976 kamen zwei weitere Haltepunkte dazu: Berlin-Spandau und Berlin-Wannsee.

Kapitel 11

Die City-West

DELPHI
ARKT
CINZANO
ROTE KIRSC
P

Auf der bereits 1882 eröffneten, über ursprünglich 731 gemauerte Viadukt-Bögen verlaufenden Strecke verkehrten sowohl Züge der Berliner S-Bahn als auch der Fernbahn. Neben der kleinen S-Bahn-Halle verlässt gerade ein Zug die große Fernbahnhalle des Bahnhof Zoos. Da diese Strecke, wie alle anderen Eisenbahnstecken in West-Berlin, von der Deutschen Reichsbahn der DDR betrieben und erst 1993 elektrifiziert wurde, konnte man auch hier Mitte der 70er-Jahre noch von Dampfloks gezogene Eisenbahnzüge bewundern.

Die bereits auf Ölfeuerung umgerüstete Dampflok der Baureihe 01 0532-0 aus dem Bahnbetriebswerk Wittenberge verlässt mit dem Zug D 1332 von Berlin Stadtbahn über Hamburg-Altona nach Westerland auf Sylt den Bahnhof Zoologischer Garten.

MARKT
CINZANO
DISCOUNT-MARKT
EINGANG

SFB
ASAHI PENTAX

Von der 16. Etage des Huthmacher-Hauses am Hardenbergplatz aus, direkt gegenüber vom Bahnhof Zoologischer Garten, hat man die City-West am Breitscheidtplatz gut im Blick. Hinter dem Bikini-Haus im Vordergrund das Hochhaus vom Europa-Center, die Tauentzienstraße, die Kaiser-Wilhelm-Gedächtniskirche und der Kurfürstendamm. Der Name des Gebäudes geht übrigens auf das beliebte „Café Huthmacher“ zurück, das sich von 1955 bis 1957 in der ersten Etage befand.

Der alte Hamburger Bahnhof an der Invalidenstraße in Berlin-Moabit.

Kapitel 12

Rund um den Hauptbahnhof

Deutsche Reichsbahn

◄ Da zur Betriebszeit des Bahnhofs die Lokomotiven nicht so gut rückwärts fahren konnten, wurden die ankommenden Züge durch die damals natürlich noch nicht geschlossenen Rundbögen auf eine Drehscheibe gefahren. Diese befand sich an der Stelle des 1931 errichteten Denkmals für die im Ersten Weltkrieg gefallenen Eisenbahner. Nach der Drehung fuhren die Loks durch das andere Tor wieder hinein, um für die Abfahrt bereitzustehen.

Unweit des heutigen Berliner Hauptbahnhofs befindet sich der um 1846 errichtete Hamburger Bahnhof. Bereits am 14. Oktober 1884 wurde er nach nur 37 Jahren Betriebszeit wieder stillgelegt und der nahe gelegene Lehrter Bahnhof übernahm auch den Reiseverkehr in Richtung Hamburg. Ab 1906 diente der Bahnhof als Königliches Bau- und Verkehrsmuseum und ist somit der Vorläufer des heutigen Technikmuseums am Landwehrkanal. Da nach dem Krieg alle Bahnbetriebsanlagen in Berlin der Deutschen Reichsbahn der DDR übertragen wurden, war das Gebäude für die Öffentlichkeit nicht mehr zugänglich. Es lag unmittelbar am Grenzübergang Invalidenstraße und war über 40 Jahre im „Dornröschenschlaf". Erst mit der 750-Jahr-Feier Berlins 1987 wurde der Hamburger Bahnhof mit der Ausstellung „Reise nach Berlin" wieder als Museum genutzt. Nach einer umfangreichen Sanierung wurde er 1996 als „Hamburger Bahnhof – Museum für Gegenwart" wiedereröffnet. ▲

Die gesamte Gegend rund um den heutigen Berliner Hauptbahnhof war auch noch in den 70er-Jahren geprägt durch die Eisenbahngeschichte. Hier befand sich der 1882 in Betrieb genommene Lehrter Bahnhof, einer von ehemals acht Kopfbahnhöfen in Berlin. Noch bis 1951 fuhren hier Züge nach Wustermark und Nauen und erst 1958 wurden die Reste des im Krieg stark beschädigten Bahnhofs gesprengt. Im Hintergrund sieht man den Lehrter Stadtbahnhof auf dem Viadukt der Berliner Stadtbahn. ▲

Der Lehrter Stadtbahnhof war nach dem Bau der Berliner Mauer 1961 in Richtung Osten der letzte Bahnhof auf dieser Strecke in West-Berlin. Nach der Übernahme des S-Bahn-Betriebs in West-Berlin durch die Berliner Verkehrsbetriebe (BVG) im Jahre 1984 wurde der Bahnhof zu einer Art Grenzstation für die BVG. Daher übernahmen die Zugführer der Deutschen Reichsbahn aus Ost-Berlin hier die BVG-Züge für die Weiterfahrt bis zum Bahnhof Friedrichstraße. Dies klappte, von den Fahrgästen kaum bemerkt, stets problemlos.

Zur 750-Jahr-Feier Berlins 1987 wurde der denkmalgeschützte Bahnhof für ungefähr zehn Millionen DM noch saniert, um dann im Sommer 2002 im Zuge der Bauarbeiten für den Neuen Berliner Hauptbahnhof doch abgerissen zu werden. ▶

Lehrter Stadtbahnhof

Gleis 3
Lehrter Stadtbahnh
Vorsicht beim Ein- und Aussteigen wegen
Lücke zwischen Zug und Bahnsteig
S14

S13

Vorbei an den Gebäuden der Berliner Charité nähert sich ein Zug vom Bahnhof Friedrichstraße kommend dem Lehrter Stadtbahnhof. Die Brücke und der darunter liegende Humboldthafen gehörten in ganzer Breite noch zu Ost-Berlin.

Ein S-Bahn-Zug auf seinem Weg zur seit dem Mauerbau letzten Station auf dieser Strecke, dem Bahnhof Friedrichstraße. Gut zu erkennen sind die gemauerten Rundbögen der Berliner Stadtbahn, hier im Grenzgebiet weiß angestrichen, um den Grenztruppen der DDR bessere Schussbedingungen zu bieten. Der trübe Herbsttag und der menschenleere Bahnhof zeigen treffend die Atmosphäre, die hier ständig herrschte.

Der Kurfürstendamm bei Nacht, 1975.

Bildnachweis

Alle Aufnahmen stammen aus dem Archiv des Autors.

Impressum

Sutton Verlag GmbH
Arnstädter Straße 8
99096 Erfurt
www.suttonverlag.de

Gestaltung und Herstellung: Sutton Verlag
Druck: Florjančič Tisk d.o.o. / Slowenien
ISBN: 978-3-96303-358-2

Michael Sobotta
Ost-Berlin
Farbdias aus den 50ern bis 70ern

978-3-96303-066-6 | 29,99 €

Michael Sobotta
Berlin
Farbdias aus den 40ern

978-3-96303-256-1 | 29,99 €

Michael Sobotta
West-Berlin
Farbdias aus den 50ern bis 70ern

ISBN 978-3-96303-067-3 | 29,99 €